JN410427

우리 이제 그만 패배하기로 하자

정하선 시집

시인동네 시인선 133

정하선 시집

우리 이제 그만 패배하기로 하자

시인동네

시인의 말

삼십 년 전 스승 조태일 시인께서 경계 삼으라며 들려주신 말씀이 있다.

"좋은 시(詩)는 사람의 눈을 놀라게 하지 않는다."

사람도
세상도 좀 그랬으면 좋겠다.

2020년 9월
정하선

차례

제2부

제3부

제4부

제1부

산문(散文)

아침 서리에 국화향이 더 꼿꼿해졌습니다
마당가 심은 대추가 다 떨어졌군요

오전에는
지난밤 내린 비로 쓰러진 국화 단을 묶어주고
더러는 상처를 핥듯
대빗자루로 가을 마당을 쓸었습니다

메아리처럼 몰려가는 새털구름이
어제보다 몇 걸음 더
남쪽으로 내려갈 듯합니다

오십이 넘어도 세상을 모르겠다며
아직도 출가를 꿈꾸는 몹쓸 날들입니다

사랑아 멀리 가지 마

너무 멀리 가지 마
천 개의 달이 뜨는 히말라야의
작은 산 하나를 넘으면
인도차이나 반도
거기에도, 별자리를 보고
목동들이 길을 찾고
양떼가 있고 조랑말이 있고
안나푸르나의 저녁노을이 있지

천길만길 갈라지는
눈[雪]들의 거처
설산(雪山)과 크레바스를 지나면
거기에도, 별똥별이 떨어지고
반딧불이 있고, 얼음 녹는 물에
빨래하는 처녀들이 있고
가난한 루오* 할아버지가 그린
예수가 있고

그러니 사랑아

너무 멀리 가지 마

---

* 조르주 루오: 프랑스 화가, 판화가. 부자와 빈자, 재판관 등을 주제로 하여 거친 필치로 푸른 색조를 써서 그렸다.

아르헨티나에 내리는 첫눈

오늘 첫눈이 온다면, 나는
원대리 자작나무 숲이 좋겠고
당신은 남미 어느 나라엔가 여행 중인
이름 모를 바닷가 근처이면 좋겠다
그 아득한 지구 반대편에
피었다 지는 첫눈 같은 발자국
눈발이 강원도 자작나무 숲에
적막하게 들어서면, 그곳
아르헨티나에도 진눈깨비가
젖은 눈으로 바다에 뛰어들겠지
내가 두고 온 갈비뼈 사이로
첫눈이 폭폭 내려 쌓이고
당신의 이마에도 고드름이 참참이 매달려서
똑똑 녹아떨어지는
저 고드름의 물비린내가 지난 시간을 일깨워주리
89년 만에 눈이 내렸다는 지구의 반대편 도시
부에노스아이레스에 눈발이 그치고
여기 원대리 숲에도 눈이 그치면

자작나무 숲은 당신 것도 내 것도 아닌
아름답고 푸른 기억들로 생생하겠지
아르헨티나는 지금 여름으로 가고
이곳 자작나무 숲은 겨울로 가는데
호수 위에 떠 있다는 빙하의 도시
모레노의 비행기 표를 나는
서둘러 끊어서 그곳에 도착하리
그러면 당신은 하루는 섭하니*
이틀은 묵어가라 말하고
나는 그러마 하고 답하리
아르헨티나에 첫눈이 온다면

---

* 민왕기 시인의 「이틀」에서 차용함.

날것들의 연대기

날것들은 고유한 냄새를 갖고 있다, 봄 가뭄 끝 바람에 실려 온, 물큰한 흙 비린내가 그렇고 젖먹이 포유류들이 새끼 낳을 때도 그러하다 어젯밤 토방 마루에 기르던 풍산개가 강아지 다섯 마리를 순산하였다 살아있기에 풍겨 오는 야성(野性)의 비린내 베트남 하노이에서 열린다는 제2차 북미정상회담 소식에 나는 어미 풍산개에게 어금어금 북어 미역국을 끓여 줬다, 풍산개 두 마리면 호랑이도 잡는다는 개마고원, 그러니까 지금의 양강도 풍산군이 탯줄이라며 미국의 트럼프나 북한의 김정은이나 풍산개 고향 개마고원이나 거친 그대로 날것 아닌가 낭림산맥, 마천령산맥, 함경산맥, 부전령산맥 이천 미터가 넘는 고원으로 에워싸여 허천강 능귀강 장진강 후창강 부전강 삼수천 후주천이 압록강으로 흐르는 곳 풍산개 고향 개마고원을 찾아간다면 부전령산맥을 달포 동안 트래킹하고 동곡산, 북수백산, 안골산을 등반하고 거미줄 같은 약수천, 서동천 압록의 지류에서 플라이낚시와 리프팅을 즐길 수 있을 텐데 저 날것들의 비린내 개마고원에 갈 수 있다면 내 땅 개마고원에 올라 실컷 울어보리라*

---

* 호곡장가이곡의(好哭場可以哭矣): 연암 박지원 『열하일기』 참조.

우주의 일

몽골 고비에 가게 된다면 비로소 우주의 일이란 게 별것 아님을 알게 된다 쪽 의자 내어, 게르 문 열어놓고 트래킹으로 종일 수고로웠던 내 발 하나를 걸쳐놓고 쏟아지는 유성을 온몸으로 받다 보면 사람의 일도, 사랑하는 일도 별것 없다는 것을 알게 된다

피가 뜨거웠을 때 나는 늘 유용(有用) 되기를 원했으나 무성한 여름 가고, 가을이 가고 또 누군가에게 선택되기 위해 아우성치던 시간들을 다 보내고 여기 고비사막 너머에까지 왔다 사람들은 왜 거기까지 갔냐고 묻지만 임서기(林棲期)에 접어든 나는 장자의 쓸모없는 나무[散木] 이야기를 해줘야 하나

하루 종일 달려도 끝나지 않는 초원의 알 수 없이 흘러온 몸 하나가 둥둥 떠다니는 유성 같다는, 비로소 동체도 없고 형체도 녹아버린 가시가 촘촘히 박혀 빼빼 마른 낙타풀 같다는 억만년이 흘러, 흘러서 왔음을 비로소 나도 우주가 되어가고 있음을

붉은 산수유로 술을 빚다

붉은 산수유 열매로 술을 빚으려니
산음에 큰 눈이 내려, 왕휘지가
친구 대규를 찾아가는 풍경만 같다*
술을 담그려 한다지만
— 어디 한번 먹나 보자
아내는 불평이지만, 모르리
이 행위, 아무 일도 아닌 것 같은
쉰이 넘어가면서 악기 한 가지를
배워야겠다고 발심했지
가뿐한 것으로, 영혼을 닮은 것으로
나이 들면 개두릅을 데치거나
산수유 열매로 술을 빚는 일처럼
먹는 일에도 무심할 수 없지
그저, 하루가 가고
한 달이 가고 입춘, 백로, 상강
그리고 오후 세 시
절기가 무심결에 지나가듯
술을 빚어놓고 큰 눈 오는 날에

붉은 산수유 술독 함께 깨트려 줄
몇몇의 친구 이름을 불러보는 일
그러노라면 지나치게 무거웠던 일상도
살포시 내려놓게 되는 일인지
모르리, 이 행위
아무 일도 아닌 것 같은
누가 읽어주지 않아도
시(詩) 쓰는 일이 그렇듯
붉은 산수유로 술 빚는 일이 그렇듯

---

*눈 속에 벗을 찾아가는 일을 '설중방우(雪中訪友)'라 했다. 오본승흥이래(吾本乘興而來), 흥진이반(興盡而返), 하필견대(何必見戴): 내가 원래 흥이 나서 왔다가 흥이 다해 돌아가노라. 어찌 반드시 대규를 보아야 하겠는가.

그깟 것

조부는 아직도 근사록(近思錄)을
아침저녁으로 읽는 분이다

1969년, 미국의 암스트롱인가 하는 머시기가
달나라 좀 갔다 왔다고

달 착륙 50주년 기념이라고
뉴스로 시끄러운 아침
쾅, 찬바람 일으키며 닫히던
윗방 조부의 혀 차던 말씀

"그깟 것 좀 갔다 왔다고"
허어, 관해난수(觀海難水)라

정주학(程朱學) 공부한 이에게
계수나무가 있다는 행성은
먼지 티끌 같은 것이라고

그리하여

난 또 뭔가 있을까 하여

여름 밤하늘에 샛별을 찾아보는 것인데

간절하게 물으면

그 안에 뭔가 있다는 것인데

구절초

영국사 주차장 버스 안에
얼굴을 가린 채 여자가 울고 있었다

끝내 누설할 수 없는 사랑 있었을까

산 오르는 동안 잠깐 본 모습이
메아리처럼 먹먹하게 밀려오곤 했다

환한 가을볕 속에 천태산 봉우리들이
파르스름한 이마를 찧고 있었다

찬 마룻바닥에 땀 흘리며 절 올리는
영국사 젊은 행자승을 생각했다

은적사에 목어가 울면

마른 겨울, 은적사에 갔었네
템플스테이션을 한다는 찻집 앞마당

머리가 하얗게 센 남자와 아직 그렇게
하얗지는 않지만 반백인 여자가

마른 국화를 비벼 냄새 맡고 있었네

겨울 햇살에 여울목을 건너듯
느릿느릿 헤엄치는 은빛 목어 두 마리

은적사 뒤, 동백 숲에 목어(木魚)가 울면
옛 그림 떠올리며 시(詩) 공부를 한다는

당신도 이제는 반백이겠지요

불상현(不尙賢)

지천명을 지나고 보니
이제 철학적 사유 따위가 잘된다

벌써 하늘의 뜻을 알아버려
쑥스럽기도 하지만

자본론을 쓰고 간 마르크스도 알지 못했을
불귀난득지화 사민부위도*

서역의 코끼리처럼 귀가 컸다는 노자는
현자(賢者)를 숭상치 말라 하지 않았던가?

내친김에 하나님이나 부처님과도
크게 한번 겨루어보고 싶은
이순을 바라보는 나이인데

누구라고 말하지는 않겠으나
재물이라면 환장하던

전 대통령도 다스(DAS) 땜에 감옥 갔으니

그나저나, 옛사람 노자는
공자에게 가르침을 줬다는 말도 있고

서역의 문화원 관장 하다가
사막으로 홀연히 사라졌다는 말도 있고

---

*도덕경 1장, 3장.

시(詩)가 써지지 않는다는 친구에게

— 황성민에게 주는 시(詩)

오랜 친구에게 전화가 왔기에
서산 마애불을 보러 갔었네
— 어찌 살았냐고……
그냥저냥 사는 거지
아무 일 없다는 듯 친구를 보았네
내 삶에서는 겁먹고 도망치고
남에 대해서는
선지자처럼 거드름피우던
부끄럽게 살아온 길이 얽혀 있었네
불교 경전에 무엇이 담겨 있다고
서산 마애불은 저렇게 웃고 있겠나
눈에는 급하게
흐르는 강물 소리만 들리는데
저 벼랑 끝 돌부처가
내 안에 나를 담아두지 못했다면
어찌 천 년 동안 미소를 머금을 수 있었을까
우리도 용서를 배울 만한 시간이 온다면
저렇듯, 웃을 수 있을까

욕(慾)을 버리면 마음이 한가롭다는
언제가 알게 될 즐거움 아니냐고
가슴속에 일만 권의 책이 숨어 있어도
시(詩)가 써지지 않는다는 친구에게
그래, 친구야

사나운 짐승

산뽕나무에 겨울비 내립니다
요즘, 당신은 어떻게 지내는지
뭘 먹고 사는지 궁금합니다
어쩌다 흘린 김칫국물처럼
베어든 생활 얼룩이 지워지지 않아
맵고, 아리고, 아팠던 순간들
하찮고 하찮은 일 같은
나는 고작, 그런 게 생각납니다
어느 날엔가
산뽕나무에 몸을 기대어
저녁이 오는 어느 날쯤에는
산이라도 금세 옮겨놓을 것 같고
키 큰 가문비나무라도 뽑아버릴 것 같고
내가 무슨 사나운 짐승 같기도 해서
그래, 그런 날은 나도 내가 무서워
산에 가지 않습니다

문수사 가는 길

황간역을 지났다

49번 지방도로
은행알 줍는 늙은 내외
가던 길 멈추고 얄궂게 쳐다본다

안 본 척, 모른 척한다

톡톡,
시월 단풍이
꽃보다 붉어지는 이때

누군가는
저 들녘을 모른 척 등지리라

옛적, 영동 사과처럼
빰이 붉던 그이

말벡을 좋아하세요?

이포에 참외 파는 원두막에 들렀네

주인장은 먹어보라며 샛노랗게 익은 웃음을
사각사각 접시에 가지런히 담아 왔네

꽃무늬 앞치마를, 싱싱한 참외를 사람들이 칭찬하네
어쩌다 접시 가장자리에 묻은 머리카락을 재빨리 훔쳐내는

그녀가 쥔 과도가 낯설게 반짝였네
유독 웃을 때 앞니가 가지런하던 그녀는 얼마 전 다녀왔다
는 아르헨티나의 와인 이야기를 하였네 안데스 산맥의 만년
설과 빙하가 녹은 물이 말벡을 만들었다는

와인잔에 제비꽃 색상으로 출렁거리며
입에서는 꽉 찬, 탄닌의 느낌을 주는 게 말벡이라고

참외처럼 사각거리는 그녀의 목소리를 칭찬하네
대화에 늦게 끼어든 누군가는 말보로 담배로 알아듣자

그녀가 웃네, 웃음은 노란빛을 띠며 접시에 담기네
사람들이 그것을 입 안 가득 넣고 우물거리자
원두막 곳곳이 노랑으로 진동하네

단물이 고인 참외를 재차 권하며
짧지만 울울한 머리칼을 쓸어 넘기는 당신은

다정한 친구입니까 애인입니까

감국

오십이 넘었을까
흰머리가 가칠가칠한 여자가
가을 들꽃을 꺾고 있다
덤부렁 듬쑥에 혼자 엎드려
노오란 감국을 따고 있는
야윈 맨살에
푸른 정맥이 드러나 보인
여자의 살망한 종아리
하, 눈물겨웠다
구진포 강변 버려진 집에
이혼하고 돌아와 혼자 사는
둘째 누나 같은

누이야
이제는 도망가지 마라

제2부

높새바람의 말

님께서 이래라 하신다 해서 꼭 그러는 것은 아니었지만 목 안쪽에 고뿔이 들었다는 것은 고비에서 불어온 바람이 혀끝에서부터 모래알을 다시 세웠다는 것입니다. 그러니까 당신이라는 높새바람은 습한 바닷바람을 가로막고 있어 차령산맥 이남으로는 비 그늘 효과가 생겨난 것입니다. 이른 봄 전국에 내려진 건조주의보는 당신을 넘어설 수 없는 재난 같은 것이지요. 그러니까 그 슬픔의 통점은 어린 당나귀가 낯선 땅에 두고 온 모국어처럼 푸푸 들끓고 후두염을 유발케 하고 근육통을 동반케 한 것입니다. 그러니까 님께서 말씀하신 괜찮다, 괜찮다며 부풀어 오른 봄물 탓이려니 생각도 했지만 다가서면 관능이고 물러서면 서러움인 동백 탓이려니 했지만 저 둔덕에 봄이 오면, 님께서는 들 쑥을 캐시고 저는 쑥 바구니를 들고 서 있는 봄을 말입니다.

어느 가난하고 아름다운 도공의 딸이*

여기까지 오고 말았다. 조선의 관요(官窯), 경기도 광주 분원리, 이곳에서 며칠 머무르려 한다. 흙에서 태어나 다듬고 말리고, 물레를 차고, 다시 또, 칼질과 흙 바르기를 여러 번, 그 위에 얇게 유약을 칠한 다음 참나무에 불 들어간 뒤, 또다시 여러 날

달항아리를 이토록 매끈하게 만든 사람은 누구일까? 그는 어떻게 흙에다 체온을 넣은 것일까? 나는 자꾸 달항아리를 만져본다. 도공은 어느 철학자보다 심미안의 손을 가졌을 것이다. 이 도공은 불안하고 또 불안한 내면을 가졌을 것이리라.

불을 다루는 기술인지 흙을 다루는 기술인지 그릇의 쓰임보다 아름다움에 대한 욕망이 가득하여, 늘 마음이 들끓거나 지나치게 고요했으리라. 만삭 여인의 배처럼 둥글지만 위아래가 반듯하지는 않아 막사발 같은

그날 이후 나는 달항아리를 보거나 한가하게 혼자 있을 적이면 도공 내면에 소용돌이치며 지나갔을 물결이나 바람 같은

것이 더 궁금하였는데, 이를테면 이런 상상을 해보는 것이었다.

어느 가난하고 아름다운 도공의 딸이, 자기 생(生)을 헐어 '가마에 불 들어갑니다' 소리칠 때 그 아비가 빚어 만든 달항아리는

무엔들 채우고 싶고 무엔들 자꾸 비우고 싶은 이 습습한 심사는 무엇인가. 온전하게 휘영청 밝은 달이었다가 어느새 기우뚱 기우는 허공을 닮은 무심함이라니. 채워도 채워지지 않은 만삭의 여인이었다가 스스로 몸을 푸는 저 푸른 달항아리, 새미 기픈 물에 비친 푸른 달이었다가 불휘 기픈 나무에 걸린 유백색 달이었다가 하, 저것은 조선의 마음.

---

* 리산 시인의 "어느 가난하고 아름다운 사냥꾼 딸이 꿈을 헐어 전나무에 물을 주고 큰 배로 만들 때까지" 제목을 변용함.

귓속에 쇠붕어가 산다

오래된 일이다
내 귓속에서 쇠붕어가 살기 시작한 것은
예수님의 오병이어도 아닐 텐데
내 귓속에 물고기가 살다니
지난봄 은적사 추녀 끝에 풍경 소리를 듣다가
불두화 꽃그늘에 깜박 잠이 들었지
세상에 웬 날벼락 같은 적막감에
느닷없는 쇠붕어 우는 소리냐고
산수유꽃은 자꾸 누런 똥을 떨구는데
거기, 요사채를 돌아 나오다
독(毒)처럼 다디단, 능언경 한 말씀
말[言]에 빚 짓지 말라는 말씀
그때 나는, 내 귓속에 숨어드는
쇠붕어 한 마리를 보았네
동해 깊은 바다 속, 쇠붕어 한 마리가
천둥번개 치는 고요 속에
내 귓속 달팽이관 안에 놀고 있다는 것을
나에게 이것은 이명증이라고 진단하는

나이 든 의사는 이해하지 못할 것이다
진흙에 빠진 코끼리는 그 자신을 끌어내듯*
묵언수행 한다는 쇠붕어는 자꾸만
댕그렁, 댕그렁 떵 거리는 것을

* 법구경 327.

엉겅퀴 한 생애를 앓고 나면

잠든 아내의 머리가 하얗게 셌다
나는 어찌할 줄 모르고
잠든 손 위에 나의 손금을 포개어
아내의 전생과 나의 후생을
아득히 짚어 보았는데
엉겅퀴는 줄기와 잎에 가시가 많아
찔리면 상처가 되는데
우리는 얼마나 더
가시 돋친 말들을 하고, 또
생채기를 내야 하는 것일까
붉은 보랏빛 꽃 다 떨구고
하얗게 머리 풀어 지고 있는 엉겅퀴
한 생애를 다 앓고 나면
그때는 우리도
온전히 꽃으로만 살 수 있을까
갈바람에 몸을 맡겨 하얗게 지는
그 모습을 보면 당신도 나도
산득산득 아프고 저릴 텐데

거룩한 계보

입춘 눈길 속, 동료 시인들과
무갑산 너도바람꽃을 보러 갔었지

En선생의 괴물 시화(詩話)를 듣다 그만
여린 꽃대를 밟고 말았네

누군가 생(生)의 전부를 걸어온 길
순간 끊어졌네

거룩한 계보를 좇다가, 나도
#Me too

함부로 쏘다니던 발길이
누군가의 눈을 매웁게 하나니

그래, 너도바람꽃이면
나도바람꽃이라고

건달

어느 여름날 저녁, 서정춘 시인의
막걸리 잔을 새벽까지 받다가
나, 이제 건달이 되기로 했네
형가를 떠나보내는 고점리 노래처럼
대저 '협(俠)'이란 무엇인가
시인을 꿈꾼 지 여러 날이었으나
내 손에 흩어졌다 모여든 구름 한 점들
고갯마루에 다리 풀린 사내처럼
노래와 향기가 흘러나오지 않았네
떠돌다, 떠돌다 더는 떠돌 수 없을 때
폐병쟁이 사내처럼 각혈하며
샐비어 같은 붉은 시
쓰지 못했네, 나
이제 입으로 들어오는 찬 돌 하나
고스란히 견디는
그런 건달이 되기로 했네
산에 가면 움쩍 않는 바위 되고
바다에서 한 굽이 큰 파도가 되는

심수봉의 사랑밖에 난 몰라를
훙얼훙얼 따라 부르며
가도 가도 끝내 못 간다는
건달바성(乾闥婆城)*에
꼭 한번 가봐야겠네

---

* 건달바가 건립했다는 환상의 성(城). 수미산(須彌山)에 살며 제석천(帝釋天)의 아악(雅樂)을 맡아보는 신(神). 향(香)만 먹고 공중으로 날아다닌다고 함.

적(籍)과 적(積)

산뽕나무 가지에 눈이 쌓이니
수양매화 그늘에도 눈이 쌓이네
길 건너 은행나무에 눈이 쌓이니
나무마다 노적가리 볏섬이 되어가네

몇 해 동안 나에게 수신된 책처럼
적(籍)과 적(積)
옛사람은 책[積]을 읽어, 먹을 것(禾)과 화패(貝)의 주인이 되었다지
그러고 보니 오늘, 문예지와 시집을 세 권이나 받았네
더러는 매듭지은 책의 끈이 끊어지고, 침 묻은 종이가 해져야 할 텐데
미처 열어두지 못한 마음 눈이 쌓이듯 책만 쌓여 가네
옛 스승 다산은, 책 읽기를 과골삼천(踝骨三穿)하도록 했으나
배움을 끊어야 근심이 사라진다고*
설파했던 이는 누구였더라?

아무리 생각해봐도 책[積]은

사람의 이름을 세워주는 독(毒) 아닌가

---

* 절학무우(絶學無憂), 도덕경 20장.

브레히트의 참회

— 영화 〈1987〉을 보고 나오면서

그해 겨울, 구름 한 채를 지고 가는
화순 운주사(雲住寺)에 갔었네
지지리도 못난 돌부처를 한참 동안 보다가
그 자리에 내 머리를 떼어놓고 나왔네
참 염치없는 일이지만, 벗들을 위해
닭이 울기 전에 천불천탑을 쌓지 못했고
와불 곁에 잠들어 별이 되지도 못했지만
그래도 어떻게 좀 안 되겠느냐고
나의 염량(炎凉)은 이미
아파트 평수나 묻는 속물이여서
잉크보다 피에 가까운, 네루다* 같은
시인 되는 것은 글러먹었지만
왜 그때, 목이 부러지고 코가 문드러진
석불 곁에 나란히 눕지 못했는지
나 같은 사람은 맞아 죽어도 싸지만
입이 없어 말 한마디도 못하는 석불에게
목이 부러져 머리가 없는 돌부처에게
내 입과 머리를 떼어주고 나오면서

그래도 어떻게 좀 안 되겠느냐고

---

* 칠레의 시인. 1971년 노벨문학상을 수상하였다. 그는 말했다. "리얼리스트가 아닌 시인은 죽은 시인이다. 그러나 리얼리스트에 불과한 시인도 죽은 시인이다."

아나키스트, 그 사내

그 사내, 병산서원 근처라던가 어디라던가 하여튼 꽤 근사하게 반백의 꽁지머리 하고 하늘 천 따아지 하는 서당 하나 열었다지 가끔, 스무 편의 사랑시와 한 편의 절망 노래를 낭송하며 체 게바라의 배낭 속에 필사한 69편의 시(詩)를 이야기한다지 아나키스트 그 사내, 이 겨울 지나면 향리 문벌 꿰찬 헐렁한 가문 하나 찾아가 처가살이 하려 한다지 겉보리 서 말만 있어도 처가살이 하지 않는다고 그 아비는 늘 앙앙지심 하지만, 그 사내 세상사 마음에 크게 품은 바 있어 하늘과 땅을 작게 보고 우주를 손바닥 위에서 쥐락펴락한다지, 모르니, 세상 사람들은 모르니, 첩첩 두메산골 옥수수 농사지으며 격세로 시(詩)나 짓고 사는 그런 나날들 무정부주의자 그 사내, 도연명처럼 호미 던지며 밭이랑에 벌러덩 누워도 태산을 옆에 끼고 북해를 건너간다지 언필칭 싸나이라면, 그 가슴속에 가을 매[鶻] 한 마리 날고 있어야 하지

중독(中毒)

산수유는 피지 않았습니다

오실 필요 없습니다
여기는 아무 일 없습니다

화엄(華嚴)의 세계에 가셨다니
구례까지는 먼 길입니다

봄꽃은 꽃잎의 무게로 지듯이
나의 고요(靜)는
그리움의 무게로 무너질 뿐

온갖 꽃(華)으로
장엄하다(嚴)는 그곳

나는 여여(如如)합니다

적려유허비에 다시 와서

정암 선생, 적려유허비(謫廬遺墟碑)에 다시 왔습니다. 한 달 남짓 당신이 머물렀던 오두막집과 영정 앞에서 감모여재(感慕如在)란 말을 떠올려봅니다. 영벽정(映碧亭)에 올라보니 지석강에 비친 풍경들은 어제 일 같아 당신도 흐르는 강물을 따라 다녔겠지요.

옛사람은 정자를 '태산으로 가는 배'라 했다지요. 사람들은 이 배를 타고 어디로 가고픈 것일까요. 영벽정은 방주처럼 편하게 흔들리며 앞으로 나아갑니다. 정자에서 푸른 강을 마주보고 서 있으니 수백 년 전, 당신과 나눈 청빈하고 나직나직한 대화가 있었음을 이제야 알겠습니다.

상고하건데, 하늘은 도리에 어긋나는 일을 하지 않듯, 임금 또한 백성에게 이치에 맞지 않은 일을 시켜서 아니 된다 했지요.* 새로운 세상을 함께 도모하고자 했던 왕은 당신을 배신했고 운명이든 선택이든 당신은 그 결과를 모르지 않았을 텐데 말이지요.

어느 생(生)에선가 의리란 무엇인가 물었더니 "정일(精一)하고 은미(隱微)한 것"이라 말했다지요. 당신의 뜻처럼 나도, 맑은 눈으로 적려유허비를 보려 합니다. 무덤에 업힌 듯 박혀 있는 적려유허비는 이곳이 당신의 적거지였음을 말해주지만 왜 하필이면, 전라도 이릉부리 능주(綾州)였을까도 생각해봅니다.

언제쯤 나는, 당신이 살다 간 능주에 다시 올 수 있을까요? 흐르는 영벽정에 물드는 강 빛을 보며 오래 거듭되고 반복되는 후생의 어디쯤에서 나는 나를 알 수 있을까요? 지석강은 동그랗게 파문만 읽어줄 뿐 연파표묘(煙波縹渺)처럼 잡을 수도 알 수도 없는 환(幻) 같은 생을 말입니다.

---

* 정암 조광조. 진사시험에서 장원급제하였던 '춘부(春賦)' 의 한 구절.

우리는 서로를 모른다

흐려진 얼굴을 읊다 일어난 2월의 아침
한국에 대설주의보가 날아들고 있었다
대관령에도, 그니의 마당에도
차갑게 눈이 쌓여가고 있겠지
나는 꿈속에 발자국을 주워 담으며
무이네 무이네(Mui Ne)*를 호명하며
열대지방으로 가는 비행기 티켓을 끊었다
와이파이 혼선에 그대 목소리를 내려놓고
열대성 소나기처럼 딱 한번 들른 적 있는 곳
이브의 능선 따라 밤새 타액을 묻혀놓은
무이네 파도는 짓궂기만 하던 곳
남베트남으로 가는 하이웨이는
열대 구름 사이에 오토바이가 더 많은
프랑스 영화 인도차이나가 떠올랐다
슬리핑 버스는 열대 야자수를 지날 때마다
코로나19처럼 잔기침을 토해내고
나는 무이네 무이네를 되뇌며
창유리에 흐려진 얼굴을 닦고 있었다

왜, 사랑은 미래가 아닌 과거형인가
그러나 폐쇄된 몇 개의 정거장을 거치는 동안
결코 그곳에 닿지 못한다는 것을 알았다
제랄드 졸링의 팝송처럼**
열대지방으로 가는 티켓 한 장을 샀지만
우리는 서로를 모른다는 것의
이그노라무스(Ignoramus)였다

---

* 베트남 남부 판티엣(Phan Thiet) 부근의 해변 휴양지. 호찌민 공항에서 자동차로 약 5시간이 걸린다. 10km에 이르는 긴 해변은 파도가 거칠고 높아서 윈드서핑을 하거나 바다를 바라보며 휴식을 취하기에 적합하다.

** Ticket to the tropics.

다시 중독(中毒)

흰 눈에, 자작나무가 군락을 이룬
그해 겨울 원대리에 갔던 것인데

겨울바람이 목을 파고들어 핑크뮬리 같은
연분홍 목도리를 둘러주던 당신은

그 후 여러 날
목도리에 배인 그의 체취를 맡고
또, 맡았다고 하는 것인데

치자꽃은 유백색 꽃빛만큼 향기를 내고
천리향은 천리나 떨어진 곳에서도
그를 알아보게 한다는

칡꽃보다 진한 라일락 향기처럼
애인의 은밀한 곳에 냄새 맡고 알아내는

엘리자베스 시대에 연인들은 사과를

주고받아 겨드랑이 넣어 땀내가 배이면
그것을 애인에게 주었다고 하지*

살 냄새, 그 체취만큼 사랑 감옥에 갇히게 하는
악마의 연애는 없다면서

*다이앤 애커먼, 『감각의 박물관』 중에서.

북비(北扉)에 들다

그 겨울에 나는, 북비를 찾았다

영조가 창덕궁에 나아가 세자를 폐하여 서인(庶人)으로 삼고 궤에다 엄히 가두었다 그때 사도세자의 호위 무사가 "부자(父子)가 서로를 찾는데 어찌 군명(君命)을 기다리리오" 하고는 세손을 등에 업고 들어갔다 진노한 임금이 즉시 나가라 명했다 그는 눈물을 흘리며 감히 물러나지 않았다 이에 영조가 그에게 큰 돌을 궤 위에 올려놓으라 명했다 무사가 머리를 조아리며 울었다 "죽더라도 감히 못하겠나이다" 임금이 거듭 다그쳤으나 앞으로 나아가지 않으니, 영조가 급히 끌어내리도록 명했다 무사는 이튿날 곤장 50대를 맞고 파직됐다 그는 고향으로 내려와 '무괴심(無愧心)'이라 바람벽에 적고 문(北扉)을 닫아걸었다

눈물을 잘라 궤 안에 어둠을 깨트리면
마침내 여명이 핏물처럼 붉었지, 궤 안에서
손톱이 빠지도록 긁으며 새긴 것은
생각할 사(思) 서러워할 도(悼)

세자가 아닌 자식으로서

아버지의 허물을 덮어주고 싶었지*

* 논어 자로 18. “부위자은(父爲子隱) 자위부은(子爲父隱) 직재기중의(直在其中矣): 아버지는 자식의 허물을 덮어주고, 자식은 아버지의 잘못을 덮어줍니다 그 가운데 올바름이 있습니다”

미시령 옛길

미시령 옛길에 오른다
도적폭포를 지났던가
동해 쪽 구름은 마구 마구
서쪽으로 달려가는데
향적사는 날아갈 듯 침묵한다
오래된 사찰이야 기품이 있다지만
오래 묵어도 그리움은
왜 늙지 않는 것일까
잊힌 미시령 옛길처럼
나도 그만 잊혔으면 좋으련만
사랑이란 것도, 결국
불편과 익숙해지는 것 아니냐고
만산(滿山)을 넘어도
아직도 저 파란 미시령 같다고
하, 이제야 알겠더라
고즈넉함도 이만하면 뭐
한 달포 동안
미시령 옛길에 갇혀볼 일이다

제3부

나의 푸른 몽골 늑대

해 질 무렵, 게르 위로 피어오르는
아르갈*의 연기를 보는 것처럼
초원의 야생마가 달리다 멈춰 서서
고개를 주억거리며
바람 냄새를 맡는 것처럼
하룻밤 지새우려는 부르테치노**의
타이가 숲에 울리는 푸른 늑대 울음처럼
초원의 바람에게 길을 물어
그 길에서 돌아온 여행자에게
마유주 한 잔 건네는
그 곡진함이란
내 속, 깊게 숨어든 그대여
왔던 길이 멀어져 아득해져도
내게도 중심 하나 생겼음을 기억하시라

---

*아르갈: 말, 소의 말린 똥을 태워 음식을 조리하고 집(게르)을 데운다.
**부르테치노: 잿빛 푸른 늑대.

개복숭아나무 아래 제망매가를 듣다

새들은 제 몸속에 지느러미를 감추는데
얼마나 많은 바다를 건너왔을까
퇴화된 새끼발가락 죽은 발톱을 긁어내며
가만히 나를 들여다보네
엄지손가락을 빨며 어린 내가 흰 나비를 쫓던
— 병균이 쏙 빠져야 새살이 돋는 거란다
팔십 노모는 당신의 어린 자식
오십 된 사내의 발을 쓰다듬다 약을 발라주네
— 네 누나가 살았더라면 예뻤을 거야
— 니 눈매는 누이를 쏙 빼닮았어
흰 수염 난 사내, 어린 내가 묻는데
늙은 어미가 물끄러미 죽은 누이를 보네
그 입술도 아래로 툭 까져 누이 같다며
내 몸속에 숨은 지느러미를 살려내려고
봄 햇살은 저리도 내 가슴을 앞질러 갔을까?
두 살 터울 누이가 죽었을 때
아버지가 심었다는 개복숭아 나무에서
양수(羊水) 같은 다디단 진물이 흘렀네

구진포 강변의 개복숭아 둥치 아래
징그러워라, 허물을 벗어놓고 사라진 유혈목이
백일을 못 넘기고 죽은 누이가 살아오려는지
개복숭아나무가 헛구역질하며 산기(産氣)를 하네
십이월 삼동에도 벌들이 윙윙 날고 있었네

무갑리 서정(抒情)

산뽕나무에 가을비 뿌리다 말고 긋는다

물 말아 늦은 점심 한술 뜨고
염산골 꽃박이네 들깨나 털어주러 갈까

새치가 희끗 되는 아내는
돋보기 고쳐 쓰며 터진 잠방이를 꿰매고

먼지가 뽀얗게 낀
길 건너 구판장 버스정류장에
누군가 물을 홱 뿌리고 문을 닫는다

그나저나
하루에 다섯 번 들어오는
무갑리 마을버스는 언제 오나

도토리묵을 쑤다 보면

호젓해지리
도토리묵 한 모에 묵묵한 시간이여
도토리묵을 먹다 보면
목 메이리
사는 것은 조금씩 닮아 있어도
누구나 떫거나 아픈 구석이 있어
상수리나무 수액으로 함초롬해지리
내 일생이 다 지나가 버린 듯
애면글면 쌓아올린 그대라는
또 다른 이름들이여
여름 끝, 가을 물소리처럼 수척해지리
제 할 일을 마친 상수리나무 갈잎처럼
길 늦어 막차 놓쳐
헐렁하게 모여든 웃음들처럼
도토리묵을 먹다 보면 그대
허서분해지리

---

* 허서분하다: 싸거나 묶은 짜임새가 느슨하다.

보호색

어머니는
강보의 아이처럼 동그랗게 주무신다
산뽕나무에서 누에가, 한 잠 자고
두 잠 자고, 또 한 잠을 자고
잠잠히…… 발견되지 않기를
그래서, 보호색을 띠고
동그랗게 웅크리는 것들은 여리고 슬프다
귀 막고, 눈 감고 기다리는 것들
모른 채 지나가기를
숨 타는 것들 잠재우기 위해
시간으로 보호색이 되어주기를
내일 오후 두 시쯤
요양병원 방문하게 될 딸들을 위해
잊고 사는 자식들을 위해
뽕잎에 누에처럼 착하게 잠들어 있기를
다만 바라는 것은
바닥보다 간절히, 더 간절히 웅크리며
보호색이 되어 숨겨주기를

— 사랑아, 우리는
보호색이라는 성채에 담긴
누군가의 과거였다

광양 고모

손등에 담뱃재는 떨어지는데 말이지
우리 어매는 말이지
백수(白壽) 하고도 다섯 해를 더 사셨으니
팔순 큰딸보다 낫다는 거지
생일날, 밥 한 그릇 뚝딱하고
뒤뜰 살구꽃 오물오물 피는데 말이지
나 이제 가야겄다 하면서 말이지
상중에 호상도 그런 호상 없다고
봄 논 먹개구리 와글와글 대고
며느리 아들딸
애고애고 땅을 치는데 말이지
누군가 슬쩍슬쩍 웃더란 거지
상두꾼들 상여놀이에 노잣돈도 두둑하여
저승 가는 길에 상여가 꽃가마가 된 거지
삼 대가 적선해야 그런 복 온다고
— 좋겠다야, 좋겠다야
문상 온 마을 영감들 복(福) 타령 하는데 말이지
하, 찔레꽃도 환한 봄날에 가서 말이지

가을 마당 이불 홑청처럼

아버지가 허물어진 담장을 따라
함석 대문 사이로 빠져나간 흰 거위 떼
무슨 정신머리 나간 짓인지
허연 광목천을 자꾸만 물고 나와
여싯여싯 어떤 말을 하려고 하지만
몇 번의 발길질에 헛방 치고
붉은 꽈리 불면 귀 달린 뱀이 나온단다
당신 말씀에 발이 걸리적거린 듯 또 넘어지고
'내 어깨가 왜 이런다냐' 가위 눌려
뒤뜰 대나무들이 긴 다리 들며
허청허청 걸어가는데
어머니요, 어머니요, 흔들어 깨워도
손가락 하나, 까딱할 수 없더란다
이 세상 한 귀퉁이에 얌전한 햇살같이
죽은 듯 낮잠에서 깨어나서 묻는다
— 내가 왜 이리 오래 삿까 잉
어머니는 가을 마당 이불 홑청처럼
하루 종일 늙어 가신다

꽃들도 여행을 떠날 때는

죽음이 가까워지면
먼저 열리는 것이 항문이라고 한다
열고 채우기를 반복했던 괄약근이
더 이상 가둘 수 없어, 우주 밖으로
자신을 비워 버리는 것이다
어머니의 마지막 곳간 문은
왜 그리 자주 열리는지
다급한 일, 겨우겨우 보고 나면
또다시 열리고 마는 어머니의 곳간
병원을 나서며 피우지도 못하는
담배 한 대 피워 물었네
꽃과 씨앗은 어디로 가고
대궁만 남은 방가지똥풀을 보면서
어머니 팔처럼 가늘고 투명해진
꽃대궁을 흔들어보면서
문득 궁금해지기 시작하네
풀 아래 뿌리에서 지금쯤 벌어지고 있을
우주 운행에 관한 비밀들

꽃들도 다른 곳으로 여행을 떠날 때는
모든 문을 열고 비운다는 것인지
나는 또, 병원비를 어찌 해야 하나
옥생각은 비우지 못하면서

이 미친놈아

마가목 옆에 자작나무, 앞에 느릅나무, 신갈나무와 자귀나무 사이 거미줄, 상수리나무 옆으로 팥배나무, 밤나무 앞에 삐딱하게 선 청단풍, 왼쪽으로 삐딱한 모감주나무, 청설모가 오르락내리락 잣나무, 잣나무에서 서너 걸음 내려서면 범바위, 김유정 봄봄의 쪽동백, 그 아래 노박덩굴, 숲은 지금 구순안거(九旬安居)를 위해 방하착(放下着) 중이다

— 다, 놓고 가란 말입니까?
이 미친놈아!
그럼, 그대로 짊어지고 가거라

동안거(冬安居)

재두루미가 겨울 강을 날자
퇴촌 습지가 깡깡 얼기 시작했다

저 큰 강이, 이제
대문을 걸어 잠그나 보다

봄부터 이제껏
차브락 차브락 강파도 치더니

내설악 초정암 스님도
동안거(冬安居) 들었단 소식

산동반점

중국집 남자가 화분갈이를 한다
검은 플라스틱 화분에서 쏟아져 나온 흙
베고니아 흰 뿌리가 한 바가지
실타래처럼 엉켜 있다

남자는 춘장처럼 검붉은 베고니아를 옮겨 심는다
뜨거운 불판 위에 탕수육을 튀겨내던 솥이
꽃을 품었다

예쁜 꽃 그릇이다
남자의 집은 경안시장 골목 끝 산동반점이다
홀 서빙도 중국요리도, 다 그의 몫이다

수년째 가게 앞에는 화분이 늘어나고
그 앞을 오가는 사람들은
중국음식보다 화초에만 눈길을 준다

점심장사가 끝난 뒤에 남자는, 구멍 난 우산처럼

못쓰게 된 그릇을 꺼내놓고 분갈이를 한다
그릇들에 대한 보상인 양
꽃을 심고 다독이며 정성을 들인다

제라늄은 금 간 짬뽕 그릇에
채송화는 짜장면 담던 그릇에
깍짓동 같은 남자는, 가을볕 아래 공벌레처럼 움직인다

중국집 남자는 산동반점이 집이고
산동반점의 베고니아는 중국집 그릇이 집이다

시발

시인들의 단톡방에
잭나이프처럼 날아든 문자
— 시발 천 원밖에 없네
늙은 건달처럼
주먹을 쥐었다 펴는 말
술청 주모 앞에서 엎어지는 말
술값을 치르려다
빈 호주머니를 까 보이며
허세에 가득 찬 아버지의 말
그래 그랬구나, 저 사내의 허세
샐비어 꽃처럼 각혈하는 말
폐병쟁이 사내처럼 기침하는 말
詩發, 詩發, 詩發
원고 마감, 시(詩) 보내라(發)
그러면 그렇지
낭만에 대해 뭘 좀 안다는
건달이나, 시인이나
씨팔

스민다는 것

물든다는 것은
내 마음 한곳을 내어주는 것이어서
햇살이 뭐라 뭐라 하며
저 나뭇잎으로 가을이 스밀 때
그래, 너 여기 들어와 살아라 하고
천태산 은행나무가 또
뭐라 뭐라 하며 노랗게 물들어갈 때
그래, 너도 들어와 함께 살아라
스민다는 것은
내 마음 한곳을 비워주는 것이어서
목젖 아래쪽이 때때로 목마르고
누군가 이름에
물봉선화처럼 젖어 있는 게지
그래서 스민다는 것은
가을 은행나무 아래 하늘을 보듯
서로가 서로에게 사무치는
시(詩) 한 편을 짓게 하는 거지

도꼬마리 씨앗

— 유성기업 한광호 열사를 추모하며

도꼬마리에 대해 들어보셨는지요
들녘에서 돌아온 사람들의 옷에 붙어
고슴도치처럼 가시가 돋쳐 있는
그 열매를 까보셨는지요
도꼬마리는 두 개의 다른 씨앗이 있어
큰 씨앗은 이듬해 봄, 싹을 틔우지만
작은 씨앗은 조건이 될 때까지
기다린다는 것을 알고 계시나요
가을 들판에 그 흔한 명아주도
검정색 씨앗은 이듬해 봄, 싹을 틔우지만
갈색 씨앗은 생육환경이 될 때까지
땅속에서 잠을 잔다는 것을
조건이 맞을 때까지 기다리는 씨앗과
바로 싹을 틔우는 씨앗
멀리 날아가는 씨앗과 그렇지 않은 씨앗
어찌하여 봄 들녘의 풀꽃들은
제 가끔 싹을 틔워도
기회를 늘려 함께 사는 것을 알았을까

— 경쟁은 선(善)이다
— 서로 물어뜯어라
가리단죽하며* 말하는 이여
생명으로 가득한 봄 들판은
잠자는 씨앗들로 가득하고나

* 중간에서 빼앗아 가지다.

사나운 개

나는 개를 좋아한다. 그렇지만 날씨 좋은 날, 탄천이나 불곡산을 오르면 온통 개판이다. 작은 개는 아무 때나 짖고 큰 개는 존재가 공포다. 그런데도 티브이 개 프로그램을 나도 모르게 보고 있다. 개 대통령이 개를 다루는 걸 보면 감탄하게 된다. 그가 개들을 살펴보고 첫 번째로 지적하는 것은 주인이 오랫동안 개를 잘못 길들였다고 말한다. 그 때문에 주인을 지키거나, 반려하기는커녕 시도 때도 없이 아무한테나 짖고, 문다.

개는 원래 물으라고 있는 거예요, 라든가
우리 개는 안 물어요, 라든가
사람이 물릴 짓을 했으니 물겠죠, 의 말들은
다, 개소리다.

개 대통령이 개들을 교정할 때, 주인이 원하는 대로 행동하면 간식을 주고, 행동하지 않으면 외면하는 게 원칙이다. 이렇게 하면 모든 개들은 거의 고쳐질 수 있다고 한다. 대한민국의 개 관리 제도가 바뀌었다. 목줄이나 입마개 착용이 의무화되었다. —동물보호법(법률 제16977호)

사나운 개를 길들이기 위해서는 우선 목줄부터 걸어야 한다. 그래서 목줄 걸 훈련사를 서초동에 보냈더니 저항이 장난이 아닌 모양이다.(일명, 공수처법 국회 본회의 통과 2019. 12. 30./2020. 7 공수처 출범)

사람들은 사나운 개를 잘 길들여야 할 의무가 있다.

수졸(守拙)한 그 마음

43번 국도 옆, 퇴촌의 쇠뫼기* 밥집 있다

단벌 신사처럼 대문도 없는 이 집 메뉴는
돈을 벌어도 사람이 달라지지 않고
이름이 높아도 평담(平澹)하다는

밥은 추워야 하고, 밥은 좀 더 가난해서
자기 집이나 겨우 지키는
수졸(守拙)한 그 마음이 시인이라고

바람 소리를 걸치고 사는 느릅나무 옆에
담장도 없는 퇴촌 밥집

밥값 대신
가난한 초승달만 받는다

---

*쇠뫼기: 소에게 여물이나 물을 먹이는 옛 지명. 경기 양평 소장수들이 광주 퇴촌으로 넘어오는 고갯마루에 있음.

제4부

장마

칠월 장마 긋는 사이 마당가 잡초 뽑는다
풀은 혼자 뽑아야 제 맛
일초일목개유리(一草一木皆有理)*
퇴계는 근사록을 평생 공부했다지
내가 무슨, 남들이 다 아는 이치를 혼자 깨달았다고
쏙쏙 잡초를 뽑다 보면
마당가 비밀들은 투명해져 또, 못마땅하고
내 등짝 후려쳐줄 천둥은 만리(萬里) 밖에서 우는데
그대 집 뒤란에도
토란잎에 빗방울이 구르는지
풀들은 고요함을 격동시켜 수런거리는지
그래, 여러 날이 흘러 오랜 뒷날에
잡초 몇 포기쯤 그대로 남겨둬
그대 왔는가, 손을 내밀어주는
이 녀름(夏) 없다면
그이를 어이 잊겠는가

---

* 근사록 치지편 12.

인간에 대한 예의를 생각하면

일간신문 사진* 속에 노인이 보였다
소낙비 속에 수레가 간다
폐지 실은 수레가, 인도를 지나
차도를 지나, 사람과 사람을 지나
신호가 바뀌자, 수레는
속도를 잃은 채 슬로우 비디오처럼
고물상 쪽으로 기운다
빗속에 노인이 다시 보였다
빈 수레의 노인은 다리를 절며
수레를 끄는지
수레에 끌려가는지
차도를 건너고 인도에 접어든다
한 번도 구름소파에
앉아 본 적이 없을 것 같은
길 위의 저 생(生)을 생각하면
컨베이어벨트 같은 하루를 생각하면
늦은 밤 혼자 백열전구를 켜고
우적우적, 떠넘길 맨밥을 생각하면

씨발, 목이 메인다

인간의 대한 예의를 생각하면

---

* 2017년 175회 보도사진상. 〈빗속 폐지 줍다 주저앉은 노인〉/서울신문 박지환 기자.

수운 선생의 그림 값

큰 눈 내린 아침, 뒤란에
뚝 뚜~욱 청대 부러지는 소리

푸른 대숲이 흔들리는 거
저 큰, 청대나무 높이로
마을 안골까지 품어 안는 거

큰 대(大)자로 한 번에 쓸어버리는
저, 저런
새파란 붓질에

푸른 대숲이
패~앵
튕겨 오르며 눈을 털자
참새 떼가 치솟는다

하, 수운(峀雲)* 선생이 설죽도 치시는구나
북극성 같은 우렁찬 눈빛으로 붓질하시는구나

으, 하하하하

---

*수운(岫雲) 유덕장(1675~1756), 조선시대 3대 묵죽화가로 손꼽혔다.

씀바귀김치

뭐예요? 왜 이렇게 무겁지?
씀바귀김치다, 네가 좋아해서 보냈다

쓴물을 토(吐)하는 반역의 무리들
위리안치(圍籬安置) 하라

그래, 씀바귀에는 반골(叛骨)이 숨어 있지

두문동 72현, 정광(程廣)의 후손
임금에게 삼강문(三綱門)* 받은 집안이다

택배 보낸 어머니의, 또 한 번 가문 타령
어금니에 씹히는 저 말씀

쓰다, 써

---

* 1885년(고종 22년), 화순군 향토문화유산 8호.

첫눈은 매번 젊어서

함부로, 멀리 흐르는 강처럼

그대를 훔쳐
달아나고 싶은 날 많았지

치자 꽃잎 같은 흰 눈발 속에서
그대는
반(半)은 웃고 반(半)은 울고

하지만 나는, 늘
흩날리다 그만 둔 첫눈이었네

그리하여
첫눈은 매번 젊어서

녀(夏)름 은계와 놀다

산뽕나무 아래 닭장 짓고 은계를 쳤다

쓰읍 —쉬익 쉬익

은빛 우관(羽冠)의 호명 소리는
송나라 황제, 휘종 아저씨도 좋아했다지

긴 꼬리가 은빛으로 눈부실 때마다
반짝이는 펜촉 하나 뽑아야지

그 꽁지 털에 잉크를 묻혀
마당가 꽃들에게 안부 편지 써봐야지

능소화는 몸을 섞느라 엉켜 있고
매화 등걸의 고추잠자리는
한여름 적멸(寂滅)하듯 졸고

시(詩)는 무어라 잘 안 돼도

언제 저 은빛 깃털에 펜촉을 달아보나
언제 은빛 펜촉으로 마제향(馬蹄香)* 같은
시(詩) 한 편 써보나

* 송나라 휘종은 그림과 시를 좋아해서 소식의 시(詩)를 화제(畫題)로 주었다. “답화귀거(踏化歸去) 마제향(馬蹄香): 꽃 밟으며 돌아가니 말발굽에 향내 나네” 모두 끙끙대고 있을 때 한 화공이 그림을 그려 제출하였다. 달리는 말의 꽁무니로 나비 떼가 뒤쫓는 그림이었다.

쉰 몇 해 지나서 나도

개땅쇠의 땅, 함평에서
야생 춘란(蘭)을 업어 왔습니다

마구 자란 춘란(蘭)은
임방울 선생 호남가처럼 꺾여, 꺾여
질박(質樸)도 하더이다

단지, 한 번은 가능하고
두 번은 세상에 없다는 부이선란(不二禪蘭)은
담박(淡泊)도 하더이다

가만, 가만히
란(蘭)은 아니 피고
완당의 우연욕서(偶然欲書)처럼
아무런 뜻이 없이

우연히 쓰인 시(詩)가 버금(仲)이라 하더이다

어떤 이가 설명해 달라 하시는데
쉰 몇 해 지나서 나도
간신히 알게 된 것이지요

복륜이니 중투이니 하며
일품 란(蘭)은 아니어도

시(詩) 쓰는 책상 앞에 란(蘭)을 켜놓으면
얼마나 환하겠습니까

그러다가 푸른 대나무는

십이월, 큰 눈을 소복하게 맞은 대나무가
들창(窓)에 엇비쳐 들락날락한다
저, 그리다 만 설죽도를 어디에 쓰나
생각한 다음날, 눈바람에
조금 더 휘어진 대나무가 이번에는
이정* 그림 화폭 속으로 잇대어
붓질을 하고 있었다, 사방은 눈보라 천지
꿩 한 마리가 설죽도 속으로 숨어든 한낮
큰 활을 메기는 사냥꾼이 대밭으로
성큼 들어서고, 그러다가
꿩을 감춰 속은 비워서 휘어진 청대나무가
활시위를 팽~ 당겼다
화폭 속에 눈보라와 맞서는 대나무는
거실 들창(窓)에서 마당 밖으로
화선지 위의 눈들을 쓸어내고 있었다

---

*탄은 이정(灘隱 李霆, 1541~1622). 이정은 세종의 손자로 조선 중기에 화가로 대나무를 잘 그렸다. 그는 유덕장(柳德章), 신위(申緯)와 함께 조선시대 3대 묵죽화가로 꼽힌다.

흰수염고래처럼

흰수염고래처럼 동해의 긴 해안선을 따라 누워본다 큰 머리는 북한 청진항쯤에 두고 석 자가 넘는 흰 수염은 강릉쯤에, 긴 꼬리는 포항 호미곶에서 철썩이며 동해 바다에 모로 누워서, 세밑 저무는 수평선을 바라보고 싶다 고래이면서도 새우잠을 잤던 흰수염고래는, 가끔 동해 앞바다에 물기둥을 10미터나 끌어올려 푸~우 푸~우 무애(無礙) 천지 물줄기를 뿜어내며 울릉도 앞바다 물결은 최고 2미터, 동해 먼 바다에서는 최고 1.5미터 먼 바다로 미끄러져 가면서 그대, 세밑에 쉬고 싶거든 예 와서 누워라 말해준다 한 해가 저무는 시절에 누워 벗 하며 유순한 이 땅의 들풀처럼 멈춘 바람처럼 쉬어가자 한다 또다시, 흰수염고래는 북한 원산포항까지 머리가 내려오고 남색 가슴지느러미는 동해 묵호항에, 긴 꼬리는 제주 앞바다에서 철썩거려 수고했다 수고했다 말해준다

몸피

무갑산 자드락밭에 들깨를 털었습니다

서역(西域)으로 가던 바람이
잠시 다가와
섬섬히 나풀거리더니

가만히,
서로를 만져보는 것입니다

아, 씨앗이 열매인 것들은
몸피가 작아 그래서 전부인 것들

노인병원에 입소하시던 날
등에 업힌 어머니 몸피가 그러했습니다

돌아서서 옆으로 우는 이여
감감하구나, 사랑아

게미(氣味)가 있다

울 엄니 정지간(丁支間)에 음식 내실 때
"게미가 있어야" 하시는 말씀
밭일 갔다가 돌아와 외양간에 소여물 주고
장독 항아리 된장 속에 박아 둔
무장아찌 꺼내 맛보고는
손가락 쪽쪽 빨며 게미 있다 하고
논두렁에서 잡아온 우렁에
묵은 된장, 애호박 자박자박 끓인
우렁 된장국에 게미 있다 하고
삼 대째 내려오는 조선간장에
달달 달인 칠게장을 껍질째
오도독 씹는 게 게미 있다 하시니
그저 맛있는 것과
게미 있다는 것의 차이
누구나 음식을 먹고 마시지만
그 맛을 아는 이 드물다* 하셨다

---

* 중용 제4장 선능지미(鮮能知味).

눈물의 근육

너희는 모른다
눈물에도 근육이 있다는 것을
콜비츠 그림 속의
아들을 껴안고 우는 어머니를 보라
심장을 쥐어짜듯, 어금니로 참아내는
저 단단한 눈물의 근육
석탄처럼 거친 석필로 그려낸 눈물의 힘
세월호 어머니는 꽃피듯 수그려 운다
너희는 모른다, 어느 대통령이란 자가
구중궁궐 유폐된 후에야 흘렸다는 피눈물
너희가 모른다는 그것
김기춘은 최순실을 모른다 하고
최순실은 우병우를 모른다 하고
안종범은 또, 최순실을 모른다 하고
너희의 악(惡)은 비겁하고 평범해서
아돌프 아이히만을 모른다* 하고
붉은 털 원숭이를 모른다 하고
너희의 악(惡)은 교활하고 뻔뻔하다

너희가 진정 모르는 것은
저 광장의 촛불이
스스로 살아 움직이는
기관 없는 신체**라는 것을
그래서, 선(善)한 사람들의 눈물에는
역사의 근육질이 숨어 있다는 것을
끝내, 너희는 모를 것이다
십자가는 교회당 높은 곳에만 있고
그런데 신이여
어찌, 용서하란 말입니까

---

* 스탠리 밀그램, 『권위에 대한 복종 Obedience to Authority』.
** 들뢰즈·가타리의 공저 『천 개의 고원』에 등장하는 철학 용어.

우리 이제 그만 패배하기로 하자

— 구의역 희생자 김모(19) 군을 추모하며

저 답답한 층층 아파트
서울 광진구 구의역 1번 출구
스크린도어 같은 어둠이 내리네
기간제 근로계약 같은 저녁이 오네
그러면 그렇지,
이 나라는 한때 대기업 출신 CEO가
대통령이 된 적 있지 않은가
비용 절감, 위험의 외주화
사도회의 결정 같은 도그마가 오네
법정 최후진술처럼 는개가 깔리자
길고 여린 풀들은 바람에 흔들리네
하청에 또 하청
죽음 같은 졸음이 몰려오네
피처럼 식은 땀이 끈적거리네
아, 피로를 모르는 신자유주의 탐욕이여
강물이 피곤하다
붉은 황토가 피곤하다고 하네
미세먼지로 공기도 파업하는데

우리 이제 그만 패배하기로 하자
끝없이 탐욕하며 욕망하는 기계여*
그러니까, 우리는 패배하기로 하자
실컷 패배하고 우리 모두가 패배해서
자본의 숙주(宿主)가 되지 않기로 하자
그러니 차라리 패배하기로 하자

* 들뢰즈·가타리의 공저 『천개의 고원』 중에서.

무갑리 서정(抒情) 2

저 골짜기에 겨울이 왔다고, 무갑리 구판장 여주인은 어묵 국물 끓이며 말했다 폭설에 무릎까지 빠져든다고, 먹을 것 없어 고라니 멧돼지가 마을까지 내려온다고 버스를 기다리다, 어묵국물에 찬 소주 마시며 나는 생각한다 나무들도 추우면 정맥 속에 수정 구슬이 쨍그랑 쨍그랑 떠다닐까, 마가목 옆에 자작나무 앞에 느릅나무와 오리나무 숲에도 음표처럼 얼음 조각이 걸려 있을까 잠 깨어 이불 속에서 나오기 싫은 아침에 티브이 켜논 채 잠들어 혼자 깨어난 새벽에 그 얼음조각들은 피아노 낡은 현을 울리며 실로폰 소리를 내는 것인가, 염산골 가득 눈보라가 천지를 메꾸다가 홀연 그칠 때 나무들은 겨울 음악제라도 하지 않겠나 겨울 땔감은 헛간 가득 쌓아 놨다고, 걱정 없다고, 곰 같은 여우들은 슈베르트의 겨울 나그네를 듣지 않겠나

해설

동시성과 다중성, 초월적 이동의 마법

— 낭만적 리얼리스트 정하선의 시세계

이병철(시인·문학평론가)

1. 동시성과 다중성

"세상은, 끝없는 공간에서 돌고 돌아가고 있어요(Gira, il mondo gira Nello spazio senza fine)"

이탈리아 가수 지미 폰타나가 부른 칸초네 〈일 몬도(Il mondo)〉의 한 소절이다. 이 가사만 놓고 보면, 지구라는 행성이 광활한 우주에서 계속 회전운동을 한다는 얘기로 이해된다. 물론 이처럼 건조하게 천체물리학적으로만 이 노래를 해석해선 안 된다. 연인과 이별한 남자가 자신이 겪는 슬픔이 세계의 무한한 지속성 안에서 그저 아무것도 아니라는 것을, 연인이었던 '당신'에게 이제 '나'는 먼지처럼 아무것도 아닌 존재라는 것을 깨달아 토로하는 내용이다. 특히 위에 인용한 대목은 이 세계의 동시성과 다중성을 환기시킨다. 내가 이별의 아픔에 눈물 흘릴 때 지구 반대편에서도 누군가가 슬피 운다. 내 고통이 온 방 안에 지독한 겨울을 몰고 올 때 나와 헤어진 그녀는 새로운 애인과 열대 섬의 밤낮처럼 뜨겁고 화사한 나날을 보낸다. 노래는 2013년 개봉한 영화 〈어바웃 타임〉의 테마곡으로 사용되면서 널리 알려졌는데, 남녀 주인공의 결혼식 날, 강한 돌풍과 함께 폭우가 내리면서 야외 예식장이 속된 말로 '아사리판'이 되고 만다. 같은 시간과 공간 안에서 누군가는 예기치 못한 해프닝에 웃고 또 누군가는 엉망진창으로 비에 젖어 울고…… 인간의 여러 감정들이 한 장소에서 동시에 터져 나올 때, 이 노래가 흐른다. "세상은 돌고 돌아가요, 세상은 끝없이 돌고, 돌고……"

인도 바라나시 갠지스 강가의 화장터에서 개들이 사람 손발을 물고 다니는 동안 할리우드의 손발 전문 모델은 광고 한 편에 수억 원을 번다. 두 손발은 같은 손발이면서 다른 손발이다. 서로 멀리 떨어진 장소들에서 동시에 똑같은 일들이 일어나고, 또 한 공간에서 동시에 다른 사건들이 발생한다. 우리는 스마트폰으로 프랑스 파리에 몇 명의 코로나 추가 확진자가 발생했는지 확인하면서 서울 공덕동 냉면집에 입장하기 위해 QR코드를 찍는다. 그러면서 동시에 안양 만안구청 계좌에

공과금을 납부하고, 전남 여수의 어부에게 내일 저녁 먹을 자연산 회를 미리 주문하고, 잉글랜드 프로축구 스타의 SNS에 댓글을 단다. 인간은, 세계는 이처럼 동일한 시간 안에 복잡하고 다단하다. 이는 우주의 구성 원리이자 디지털 문명의 속성이고, 현대인들은 이 동시성과 다중성을 오늘의 삶 안으로 불러들였다.

미셸 푸코는 일정한 시대에 인류 전반의 인식 지평과 문화적 구조를 가능케 하는 하부요소를 '에피스테메(Episteme)', 즉 '인식소(認識素)'라고 불렀는데, 정하선 시인은 동시성과 다중성을 자기 시세계의 구성 원리로 삼는 동시에 21세기 현대사회의 인식소로 제시하고 있다. 정하선의 시에는 이곳과 저곳, 안과 밖, 중심과 경계, 미시와 거시 등 멀리 떨어진 세계의 풍경들이 단 몇 줄의 문장 안에 함께 펼쳐진다. "좋은 시는 사람의 눈을 놀라게 하지 않는다"던 스승 조태일 시인의 말씀으로 두 번째 시집의 '출사표'를 갈음한('시인의 말') 그는 자극적인 문장, 언어유희, 모호함과 난해함, 소통 단절의 요설 대신 간결하고 명료한 언어로 우리의 눈을 안심시킨다. 하지만 눈은 육체에만 있는 게 아니라 마음에도 있어서, 정하선의 시는 읽는 이의 육안을 편안하게 하면서 심안에는 "소용돌이치며 지나갔을 물결이나 바람"(「어느 가난하고 아름다운 도공의 딸이」)을 일으키고, "타이가 숲에 울리는 푸른 늑대 울음"(「나의 푸른 몽골 늑대」)으로 마음의 동공을 떨리게 한다. 우리는 평범

한 일상 속에서 그의 시를 읽으며 '지금—여기'의 시공간을 초월하는 아득한 여행을 하게 된다.

너무 멀리 가지 마
천 개의 달이 뜨는 히말라야의
작은 산 하나를 넘으면
인도차이나 반도
거기에도, 별자리를 보고
목동들이 길을 찾고
양떼가 있고 조랑말이 있고
안나푸르나의 저녁노을이 있지

천길만길 갈라지는
눈[雪]들의 거처
설산(雪山)과 크레바스를 지나면
거기에도, 별똥별이 떨어지고
반딧불이 있고, 얼음 녹는 물에
빨래하는 처녀들이 있고
가난한 루오 할아버지가 그린
예수가 있고

그러니 사랑아

너무 멀리 가지 마

—「사랑아 멀리 가지 마」 전문

말랑말랑한 연시로 오독하기 쉬운 위 작품은 사실 정하선이 지향하는 동시성과 다중성의 세계관을 압축해낸 밀도 높은 시다. "천 개의 달이 뜨는 히말라야"와 "인도차이나 반도"와 "안나푸르나"와 "설산과 크레바스"는 모두 화자가 실재하는 일상의 시공간에서부터 까마득히 떨어진 장소들이다. 하지만 화자는 안방에 앉아 건넌방을 들여다보듯 "거기에도, 별똥별이 떨어지고/반딧불이 있고, 얼음 녹는 물에/빨래하는 처녀들이 있고/가난한 루오 할아버지가 그린 예수가 있"음을 훤히 알고 있다. 화자가 머무는 대한민국의 어느 일상적 공간에서 히말라야 안나푸르나까지, 또 "너무 멀리 가지 마"라고 말하는 화자의 애틋한 얼굴에서 가난한 루오 할아버지가 그린 예수의 초상까지 이어지는 이미지들의 변주에는 초월적인 이동성이 요구된다. 그런데 이 초월적 이동성, 광범위한 다중성을 단 몇 줄의 시 안에 부려놓는 힘은, 좋은 시의 미덕인 함축과 비약이 지닌 극단적 수축과 고밀도 흡인력이다. 위 시에서는 '목동', '빨래', '저녁노을', '가난'이 함의하는 인간 보편의 생활양식과 공통적 감정이 강력한 중력으로 작용하면서 한국과 히말라야, 서로 다른 두 세계를 '사랑'이라는 동시성으로 끌어안는다.

오늘 첫눈이 온다면, 나는
원대리 자작나무 숲이 좋겠고
당신은 남미 어느 나라엔가 여행 중인
이름 모를 바닷가 근처이면 좋겠다
그 아득한 지구 반대편에
피었다 지는 첫눈 같은 발자국
눈발이 강원도 자작나무 숲에
적막하게 들어서면, 그곳
아르헨티나에도 진눈깨비가
젖은 눈으로 바다에 뛰어들겠지
내가 두고 온 갈비뼈 사이로
첫눈이 폭폭 내려 쌓이고
당신의 이마에도 고드름이 참참이 매달려서
똑똑 녹아떨어지는
저 고드름의 물비린내가 지난 시간을 일깨워주리
89년 만에 눈이 내렸다는 지구의 반대편 도시
부에노스아이레스에 눈발이 그치고
여기 원대리 숲에도 눈이 그치면
자작나무 숲은 당신 것도 내 것도 아닌
아름답고 푸른 기억들로 생생하겠지

—「아르헨티나에 내리는 첫눈」 부분

"고뿔이 들었다는 것은 고비에서 불어온 바람이 혀끝에서부터 모래알을 다시 세웠다는 것"(「높새바람의 말」)이라는 상상력은 얼마나 매혹적인가? 한국에 사는 시인에게 고뿔이 든 것은 고비사막의 모래바람이 거대한 황사로 몸집을 불려 바다를 건너왔기 때문이다. '나'의 사소한 감기에는 몽골의 지속적인 사막화로 인한 세계 기후 변화가 연계되어 있다. 이때 한국 시인의 감기와 고비사막의 황사라는 다중성은 '질병'이라는 동시성으로 수렴된다. 인간의 탐욕에 의한 사막화가 대우주인 지구에 일으킨 불협화음은 소우주인 인간의 질병으로 환원된다. 정하선의 시가 지향하는 동시성과 다중성의 세계는 결국 모든 사물이 유기적으로 상응하는 아날로지(Analogy) 비전과 밀접하다.

인용 시에서 "눈발이 강원도 자작나무 숲에/적막하게 들어서면," "아르헨티나에도 진눈깨비가/젖은 눈으로 바다에 뛰어"든다. 강원도 원대리와 아르헨티나 부에노스아이레스는 서로 아득히 먼 이질 세계이지만, 화자가 먼 옛날 모든 대륙이 한 덩어리였던 '판게아(Pangaea)'의 지질학적 공통성질을 기억하는 순간, 세계 어디에나 존재하는 "고드름의 물비린내"는 "지난 시간을 일깨워"주며 "지구의 반대편 도시"의 '당신'과 실시간 소통하게 하는 매개가 된다. 그때 "자작나무 숲은 당신 것도 내 것도 아닌/아름답고 푸른 기억들로 생생하겠지"라는 화자의 읊조림은 지구에 아직 인간이 없고, 그 어떤

분리와 경계와 구획도 없던 과거 초대륙의 시절, 자연이 무한한 동식물의 가능태로 충만하던 고생대를 환기시킨다. 이처럼 세계의 시원(始原)까지 거슬러 올라가면서 아득한 시공을 단숨에 돌파해내는 초월적 이동 과정은 "내가 두고 온 갈비뼈"에 내리는 눈이 "당신의 이마"에도 떨어져 내리는, 구약성서 창세기를 인용한 신화적 상상력에 의해 더욱 풍요로운 여행이 된다. 한 편의 시에 동시다발적으로 여러 시간과 공간이 겹쳐 나타나는 이 매혹적인 기법을 자꾸 '마법'이라고 부르고만 싶어진다.

2. 이국적 감각과 전통적 정신성

보들레르는 문학이 일종의 '마법(magic)'이라고 말했다. 낭만주의 이후 문학은 현실과 이상 사이 괴리를 초월하여 매혹적인 아름다움의 세계에 도달하는 마술을 꿈꾸어왔다. 정하선의 시는 시간과 공간의 한계를 뛰어넘는 상상력을 통해 독자를 꿈의 세계, 즉 현실원칙의 간섭과 제약이 없는 자유로운 몽상의 시공간으로 인도한다. 이 과정에서 두드러지는 특징은 이국적 감각과 전통적 정신성의 공존이다. 정하선은 히말라야, 아르헨티나, 압록강, 개마고원, 몽골, 베트남 무이네, 타이가 숲 등의 이국 풍경들을 그려내면서 일상성이라는 중심으로부터, 또 일상에서 고착된 '나'라는 주체로부터 벗어나려 시도한다. 정하선의 시가 초월적 이동성을 동력으로 세계 곳곳을 자유롭게 여행할 때, 시인의 언어는 권태로운 일상적 감각들로 하여금 새로운 감동과 충격을 받아들여 눈과 코와 입을 갱신하게 한다. 시를 읽는 독자는 "안데스 산맥의 만년설과 빙하가 녹은 물"(「말벡을 좋아하세요?」)의 차가운 기운을 피부로 느끼고, "쏟아지는 유성을 온몸으로 받"으며 "비로소 나도 우주가 되어가"(「우주의 일」)는 황홀감을 만끽하고, "타이가 숲에 울리는 푸른 늑대 울음"을 듣고, "마유주 한 잔" 술 냄새를 맡는다. 그리고 그때 "왔던 길이 멀어져 아득해져도/내게도 중심 하나 생겼음을 기억하"(「나의 푸른 몽골 늑대」)게 된다. 정하선의 시를 읽는 것은 패키지 단체 관광이 아닌 단독 자유여행이며, 떠나온 자리로 다시 돌아가지 않는 편도 여정이다. 좋은 시는 어떻게든 독자의 묵은 감각을 갈아엎고 내면에 유의미한 혁명을 일으켜서, 시 읽기 이전의 상투적이고 권태로운 일상으로 돌아갈 수 없게 한다.

정암 선생, 적려유허비(謫廬遺墟碑)에 다시 왔습니다. 한 달 남짓 당신이 머물렀던 오두막집과 영정 앞에서 감모여재(感慕如在)란 말을 떠올려봅니다. 영벽정(映碧亭)에 올라보니 지석강에 비친 풍경들은 어제 일 같아 당신도 흐르는 강물을 따라 다녔겠지요.

옛사람은 정자를 '태산으로 가는 배'라 했다지요. 사람들은 이 배를 타고 어디로 가고픈 것일까요. 영벽정은 방주처럼 편하게 흔들리며 앞으로 나아갑니다. 정자에서 푸른 강을 마주 보고 서 있으니 수백 년 전, 당신과 나눈 청빈하고 나직나직한 대화가 있었음을 이제야 알겠습니다.

상고하건데, 하늘은 도리에 어긋나는 일을 하지 않듯, 임금 또한 백성에게 이치에 맞지 않은 일을 시켜서 아니 된다 했지요. 새로운 세상을 함께 도모하고자 했던 왕은 당신을 배신했고 운명이든 선택이든 당신은 그 결과를 모르지 않았을 텐데 말이지요.

어느 생(生)에선가 의리란 무엇인가 물었더니 "정일(精一)하고 은미(隱微)한 것"이라 말했다지요. 당신의 뜻처럼 나도, 맑은 눈으로 적려유허비를 보려 합니다. 무덤에 업힌 듯 박혀 있는 적려유허비는 이곳이 당신의 적거지였음을 말해주지만 왜 하필이면, 전라도 이릉부리 능주(綾州)였을까도 생각해봅니다.

언제쯤 나는, 당신이 살다 간 능주에 다시 올 수 있을까요? 흐르는 영벽정에 물드는 강 빛을 보며 오래 거듭되고 반복되는 후생의 어디쯤에서 나는 나를 알 수 있을까요? 지

석강은 동그랗게 파문만 읽어줄 뿐 연파표묘(煙波縹渺)처
럼 잡을 수도 알 수도 없는 환(幻) 같은 생을 말입니다.

—「적려유허비에 다시 와서」 전문

정하선의 시에서 이국적 감각이 탈중심, 탈주체를 통해 관습화된 현재를 재구성하는 원심력이 된다면, 전통적 정신성은 현대 사회가 잃어버린 정신적 가치들의 회복을 도모하며 물신주의의 환영들, 자본논리, 기술복제와 가상성의 시뮬라크르, 말초적 쾌락주의의 압력으로부터 예술가의 자존을 굳게 붙들어 버티게 하는 구심력이 된다. 시인이 정암 조광조, 연암 박지원, 퇴계 이황, 수운 유덕장, 탄은 이정 등 조선 시대의 학자와 문장가, 묵죽 화가들을 2020년 오늘 자신의 삶 영역 안으로 소환해낼 때, 우리는 현재를 살아가는 한 개인이 시간과 공간을 초월해 역사적 진실과 서로 껴안는 특별한 광경을 목격하게 된다.

위 시에서도 정하선의 시가 부리는 마법, 그 초월적 이동성은 전남 화순 능주에 유배된 1519년 11월의 조광조를 찾아가 "수백 년 전 당신과 나눈 청빈하고 나직나직한 대화"를 재생시킨다. '감모여재(感慕如在)'란 조상을 사모하는 마음이 지극하여 마치 그 모습이 실제 눈앞에 있는 것처럼 느껴진다는 말, 시인은 오백 년 전 사약을 마시고 죽은 조광조와 마주 앉아서는 "오래 거듭되고 반복되는 후생의 어디쯤에서 나는 나

를 알 수 있을까요?"라고 묻는다. 조광조의 비극적 생애가 오백 년이 지나도록 후대의 혁명가, 사상가, 예술가들에게도 반복되고 있다고 생각하는 걸까? 자본과 결탁한 상품으로서의 대중문화만이 주목받고, 참된 예술은 외면당하는 21세기 자본주의 문화예술의 현실은 시인으로 하여금 마치 유배와도 같은, 중심과 주목에서 밀려난 변방의 외로움을 느끼게 했을 것이다. 하지만 시인은 조선시대 선비들과의 '나직나직한 대화'를 통해, 그들 정신성의 탐구를 통해 "새미 기픈 물에 비친 푸른 달이었다가 불휘 기픈 나무에 걸린 유백색 달이었다가 하, 저것은 조선의 마음"(「어느 가난하고 아름다운 도공의 딸이」)을 기억해내고, "큰 눈을 소복하게 맞은 대나무"(「그러다가 푸른 대나무는」)처럼 예술가의 자존을 지키면서 "북극성 같은 우렁찬 눈빛으로 붓질하"(「수운 선생의 그림 값」)겠다는 각오를 다진다.

3. 낭만적 리얼리스트의 노래

"나는 나를 알 수 있을까"를 끊임없이 질문하며 시인으로서의 자기 존재성을 확립하고, 척박한 현실 안에 자신의 언어가 거할 공간을 만들어 나가려는 시인의 자기탐색 과정은 "개인은 엄격한 비개성화 연습을 거쳐, 자신을 온통 가로지르는

다양함, 자신 속을 헤집는 강렬함들을 향하여 스스로 열린 상태가 될 때 비로소 진정한 자기 이름을 얻게 된다"던 들뢰즈의 말을 떠올리게 한다. 정하선은 동시성과 다중성이라는 시적 인식소, 초월적 이동성이라는 마술적 기법, 이국적 감각과 전통적 정신성이라는 원심력과 구심력 등을 활용해 자신만의 독특한 시세계를 구축하였고, 그 시적 성취를 통해 정치적 올바름을 노래하는 리얼리스트가 되고자 한다.

저 답답한 층층 아파트
서울 광진구 구의역 1번 출구
스크린도어 같은 어둠이 내리네
기간제 근로계약 같은 저녁이 오네
그러면 그렇지,
이 나라는 한때 대기업 출신 CEO가
대통령이 된 적 있지 않은가
비용 절감, 위험의 외주화
사도회의 결정 같은 도그마가 오네
법정 최후진술처럼 는개가 깔리자
길고 여린 풀들은 바람에 흔들리네
하청에 또 하청
죽음 같은 졸음이 몰려오네
피처럼 식은 땀이 끈적거리네

아, 피로를 모르는 신자유주의 탐욕이여
강물이 피곤하다
붉은 황토가 피곤하다고 하네
미세먼지로 공기도 파업하는데
우리 이제 그만 패배하기로 하자
끝없이 탐욕하며 욕망하는 기계여
그러니까, 우리는 패배하기로 하자
실컷 패배하고 우리 모두가 패배해서
자본의 숙주(宿主)가 되지 않기로 하자
그러니 차라리 패배하기로 하자

—「우리 이제 그만 패배하기로 하자—구의역 희생자 김모(19) 군을 추모하며」 전문

최근 우리 시의 주도적인 경향으로, 외부와 단절된 채 자기 감정을 절대화하는 시들을 들 수 있는데, 이들 시에는 타자도 대상도 없고 때로는 주체마저도 나타나지 않는다. 불분명하고 모호한 정서가 안개처럼 자욱해 세계의 풍경이 잘 보이지 않는 것이다. 독자로 하여금 꿈을 꾸게 하는 대신 시인과 함께 사소한 멜랑콜리에 빠지게 하거나 시인의 사적이고 내밀한 일상을 엿보는 관음자(觀淫者)로 독자를 전락시키는 것이 요즘 우리 시의 바이러스인지도 모르겠다. 스스로 축소시킨 세계 안에 유폐된 채 타자와 격리되기를 택하는 오늘날 일부

시인들과 달리 정하선은 세계에서 일어나고 있는 너무 많은 비극들, 우리 삶의 그늘지고 소외된 풍경들을 향해 서슴없이 나아간다.

시인은 지난 2016년 구의역 내선순환 승강장에서 스크린 도어를 혼자 수리하다 사고로 숨진 외주업체 직원 김모 군을 추모한다. 그는 열아홉 살이었다. 그의 가방에는 컵라면과 공구가 들어 있었다. 밥도 못 먹고 종일 강도 높은 작업을 혼자 하다가 사고를 당했다. 이전에도 여러 번 죽을 고비를 넘겼을 것이다. 하지만 끝내 전동차를, 죽음을 피하지 못했다. "피로를 모르는 신자유주의의 탐욕"은 눈에 쌍심지를 켜고 달려드는 전동차보다 더 무섭게 김 군을 윽박질러, 쫓기듯 몸을 맡긴 곳이 그 비좁은 스크린도어 안이었으리라. 그는 생일을 하루 앞두고 있었다. 다음날 아침이면, 이젠 영원히 오지 않는 그 아침이면 컵라면 대신 어머니가 끓여준 미역국과 따뜻한 밥을 먹을 수 있었을 것이다.

이미 서구의 근대화 과정에서 '포드주의'나 '테일러리즘'으로 나타난 인간의 몰락이 한국 사회에서는 1970년대에 심화되었다. 이후 21세기 들어 인권과 노동권 신장, 근로여건 개선, 경제발전과 삶의 질 향상을 통해 '인간의 소모품화'는 육중한 기계와 콘크리트가 지배하던 옛 산업화 근대의 부끄러운 추억으로 지나간 듯했지만, 신자유주의 4차산업혁명 시대가 부려놓은 탐욕과 이기가 다시 인간에게 '더 빨리, 더 많이'의

경쟁을 강요하면서 하청, 외주, 삼교대 같은 '착취의 컨베이어벨트'가 가동되기 시작했고, 기간제 비정규직 노동자들은 그 위험한 생산라인 위에서 "죽음 같은 졸음"과 "피처럼 식은 땀"에 목숨이 침식되는 중이다. 정하선은 "기간제 근로계약", "비용 절감, 위험의 외주화", "하청에 또 하청" 등 인간을 "끝없이 탐욕하며 욕망하는 기계"의 소모품으로 전락시켜버리는 신자유주의 자본사회를 맹렬하게 비판한다. 그러면서 "자본의 숙주가 되지 않기" 위해 "패배하기로 하자"며 우리에게 승리 대신 패배를 제안한다. "경쟁은 선(善)이다/서로 물어뜯어라"(「도꼬마리 씨앗—유성기업 한광호 열사를 추모하며」)라고 윽박지르는 속도와 경쟁, 미친 자본논리에 대한 자발적 패배야말로 인간을 인간답게 살게 하는 승리가 되리라고 역설하는 것이다.

"선한 사람들의 눈물에는 역사의 근육질이 숨어 있다는 것"(「눈물의 근육」)을 알고 있는 정하선은 세월호 어머니, 한광호 열사, '폐지 실은 수레'(「인간에 대한 예의를 생각하면」), '중국집 남자'(「산동반점」) 등 우리 삶의 소외된 사람들, 비극적인 현장을 향해 바짝 엎드려 나아간다. 「브레히트의 참회」에서 그가 인용한 대로, 네루다에 따르면 "리얼리스트가 아닌 시인은 죽은 시인이다. 그러나 리얼리스트에 불과한 시인도 죽은 시인"이다. 정하선은 현실을 향해 치열하게 포복하는 리얼리스트인 동시에 현실 너머의 초월적 세계를 향해 끊임없이 뛰어오르는 로맨티스트이기도 하다. 그러므로 우리는, "저 광장의 촛불이 스스로 살아 움직이는 기관 없는 신체"(「눈물의 근육」)임을 목 터져라 노래하는 한 참여시인과 "그대를 훔쳐 달아나고 싶은 날 많았지 (…) 하지만 나는, 늘 흩날리다 그만 둔 첫눈"(「첫눈은 매번 젊어서」)임을 읊조리는 어느 서정시인이 동일 인물임을 이제 눈치채야 한다. 그리고 마땅히 그를 '낭만적 리얼리스트'라고 부르는 데 동의해야 한다.

이 도서의 국립중앙도서관 출판시도서목록(CIP)은 서지정보유통지원시스템 홈페이지(http://seoji.nl.go.kr)와 국가자료공동목록시스템(http://www.nl.go.kr/kolisnet)에서 이용하실 수 있습니다.(CIP제어번호: CIP2020040813)

시인동네 시인선 133

우리 이제 그만 패배하기로 하자

초판 1쇄 인쇄 2020년 9월 23일
초판 1쇄 발행 2020년 9월 29일
지은이 정하선
펴낸이 김석봉
디자인 헤이존
펴낸곳 문학의전당
출판등록 제448-251002012000043호
주소 충북 단양군 적성면 도곡파랑로 178
전화 043-421-1977
전자우편 sbpoem@naver.com

ISBN 979-11-5896-488-7 03810